SHARM EL-SHEIKH

BONECHI

Verlagsdirektor: *Giovanna Magi*
Idee und Projekt: *Marco Bonechi*
Grafischer Entwurf, Bildrecherchen,
Video-Umbruch und Umschlag: *Sonia Gottardo*
Redaktion: *Patrizia Fabbri*
Texte: *Giovanna Magi, Patrizia Fabbri*
Übersetzung: *Heide Marianne Siefert*
Zeichnungen: *Stefano Benini*

Druck in Italien: *Centro Stampa Editoriale Bonechi.*

Die Fotos sind Eigentum des Verlagsarchivs der *Casa Editrice Bonechi* und stammen von:
Marco Bonechi, Serena De Leonardis, Andrea Fantauzzo, Paolo Giambone, Andrea Innocenti, Giovanna Magi.

Weitere Fotografen:
Andrea Ghisotti: S. 4 unten links, 5 unten rechts, 31 die sechs kleinen Fotos unten, 48 links, 53 oben, 54-57, 62-69, 71.
Leonardo Olmi: S. 3, 12 unten, 24 unten, 25 unten, 49 rechts, 50 unten, 51, 52, 58-59, 61, 76 links, 82 das umrandete Foto.
Andrea Pistolesi: S. 4-5 oben, 84-85, 86 unten.
Ghigo Roli: S. 1, 6 oben, 7, 8 unten, 12 oben, 22 oben, 23 oben, 24 oben, 25 oben, 35, 37, 45, 74-75 ausgenommen das umrandete Foto, 76-77, 77 rechts, 87, 88-89.

Für nicht ausgewiesene Fotos dankt der Verleger im vorhinein für eventuelle Hinweise, die dann bei Neuauflagen berücksichtigt werden.

ISBN 88-476-1594-1

Internet: www.bonechi.com

Geschichte

Vor rund siebzig Millionen waren der Sinai und die arabische Halbinsel fest miteinander verbunden. Dann führten gigantische Erdumstürze zu einem Bruch, der die südliche Halbinsel Sinai abtrennte. So entstanden zwei große Golfe, im Westen der Golf von Suez mit einer maximalen Tiefe von knapp 95 Metern, und im Osten der Golf von Akaba, der hingegen Tiefen bis 1800 Meter erreicht. Der Golf von Akaba gehört zu dem großen Grabenbruch, der Great Rift Valley genannt wird und sich von der Taurus-Kette bin nach Kenia hinzieht. Der Prozess der progressiven Entfernung der ägyptischen Küste von der arabischen vollzieht sich noch immer in einem Ausmaß von zwei Zentimetern im Jahr, und die Geologen haben berechnet, dass das Rote Meer in 150 Millionen Jahren so groß ist wie der Atlantische Ozean. Trotz der intensiven blaugrünen Farbe des Wassers rührt der Name des Roten Meeres möglicherweise von der rötlichen Farbe her, die zu bestimmten Jahreszeiten durch die Blüte einer besonderen Alge, der Trichodesmium erythraeum *hervorgerufen wird. Seltene Niederschläge, der Mangel an Flüssen und der hohe Verdunstungsgrad haben dazu beigetragen, dass dieses Wasser einmalige Merkmale besitzt, die sonst nirgendwo anzutreffen sind, wie vollkommene Transparenz und Leuchtkraft, Reinheit und Temperatur. Aus diesem Grund schätzt man, dass mehr als ein Fünftel der Fisch-Fauna des Roten Meeres ausschließlich hier lebt.*

ROUTEN

Sharm el-Sheikh erschien in der Tagespresse zu dem Zeitpunkt, als der damalige ägyptische Präsident Nasser 1967 die Meerenge von Tiran blockierte. Eine Aktion, die jenen kurzen Konflikt auslöste, der als Sechstage-Krieg in die Geschichte einging. Aufgrund der außergewöhnlich strategischen Bedeutung dieses Ortes am Zusammenfluss des Golfes von Suez und des Golfes von Akaba stießen die israelischen Truppen bis hierher vor, wo sie ein Jahr später auf der felsigen Landzunge Ras Umm Sid eine Zivilsiedlung mit dem Namen Ophira gründeten. Ganz in der Nähe liegt in einer Bucht die alte Hafenstadt Sharm el-Sheikh. Als aufgrund des Camp David-Abkommens Sinai an Ägypten zurückgegeben wurde, hat man die Schützengräben und Bunker demoliert, und die Militärwohnungen wurden zu Hotels und Apartmenthäusern umgebaut. Sharm el-Sheikh ist eines der größten Touristenerfolge der letzten Jahre. Es entstanden hier erstklassige Hotelkomplexe, die mit allen Einrichtungen und jeglichem Komfort ausgestattet sind, sodass der Besucher hier einen angenehmen Langzeiturlaub verbringen kann. Die Bucht, früher eine sehr geschätzte Fischereizone, hat sich zu einer luxuriösen Urlaubsgegend entwickelt, ein Paradies für alle, die Sonne und Meer lieben. Diese Stadt hat zweifellos einen ganz eigenen Zauber, eingekapselt zwischen dem Felsmassiv des Sinai und dem Roten Meer mit seinem tiefblauen Wasser. Ringsum Sanddünen, ein paar Oasen, Kamele, Beduinenzelte.

Mit Sicherheit hat der Tourist hier keine Langeweile. Taucher können mit einer einfachen Taucherbrille den Artenreichtum der Fische bewundern, die in dieser phantastischen Unterwasserwelt ruhig dahin ziehen und keinerlei Scheu vor dem Menschen haben; man kann auf Pferde- und Kamelrücken durch die Wüste reiten, Ausflüge in die Felslandschaft des Sinai unternehmen, wo atemberaubende Panoramen den Besucher in biblische Zeiten zurückversetzen, oder eine Bootsfahrt machen. Man kann an der Sandküste entlang spazieren oder faul am Strand liegen und sonnenbaden. Ein besonderes Vergnügen ist auch ein Bummel durch die Läden, die einheimisches Kunsthandwerk und ägyptische Kaftane und Beduinenkleidung verkaufen. Am Abend wird Sharm el-Sheikh zu einer magischen Kulisse, wenn die Lichter angehen, die Straßen sich beleben und die Tische vor den Lokalen sich mit Menschen füllen. Man raucht die Nargileh, trinkt arabischen Kaffee, kostet ein „italienisches Eis", und aus allen Lokalen tönt Musik. Die lange Nacht in Sharm el-Sheikh hat begonnen.

Die Küste

Das Wort „sharm“ bedeutet auf Arabisch Bucht, sodass man diese Ortsbezeichnung auch mit „Bucht des Scheichs“ übersetzen könnte. Tatsächlich ist die Küste, an der sich die Stadt hinzieht, eine lange Abfolge herrlicher Buchten, wo die Hotelkomplexe sich geradezu überbieten an moderner Architektur und aufwendigen Sportanlagen. Im Osten befindet sich die Bucht **Sharm el-Maya** mit ihrem Hafen und ihrem Strand, der meist frequentierte Badeort der ganzen Halbinsel Sinai, wo zahlreiche Jachten und Privatboote auslaufbereit vor Anker liegen, um die nahe gelegenen Meeresgründe zu erforschen. Auch auf dem hohen Felssporn Ras Umm Sid, in **El-Hadaba**, sind mitten im Grünen luxuriöse Hotelkomplexe mit unvergleichlichem Meerblick entstanden.

Ein zauberhaftes Meer, kristallklar und ruhig, in dem man praktisch jeden Wassersport ausüben kann, malerische, sonnige Strände mit den typischen Sonenschirmen, erstklassige Infrastrukturen mit einladenden Lokalen direkt am Sandstrand – dies sind die Hauptattraktionen, die Sharm el-Sheikh allen Sonnenanbetern und Wasserratten zu bieten hat

GAFY LAND

Ein Landstreifen, und schon sind wir an der **Naama Bay**, einem Ort, der hier im Süden des Sinai einen Touristenboom ohnegleichen erlebt hat.
Das Wort Naama bedeutet auf Hebräisch „angenehm“. Mit keinem Wort ließe sich dieser freundliche Ort besser beschreiben. Hier scheinen sich alle passionierten Schnorchler und Taucher ein Stelldichein zu geben, aber auch Shopping-Freeks, die „aficionados“ der Sonnenbräune und Nachtschwärmer.

Der Reiz von Sharm, einer wahren Perle des Tourismus, liegt nicht zuletzt in der eindrucksvollen, rauen Natur dieser Orte, wo das nackte Profil der Wüstenfelsen fast bis an den Rand des Meeres reicht.

SUN'N FUN

NAAMA BAY HOTEL

NAPOLEON GLASS BOAT

Die anschließende Bucht, die **Coral Bay**, hat sich in kurzer Zeit zum größten Touristenkomplex der gesamten Sinai-Halbinsel entwickelt und grenzt an die berühmte kleine **Shark Bay**, die trotz ihres gefährlich klingenden Namens (Haifischbucht) ein ausgesprochen friedlicher und bezaubernder Ort ist.

Viele Buchten in Sharm el-Sheikh bieten bezaubernde Fleckchen für das Schwimm- und Tauchvergnügen, aber dort, wo das Korallenriff ein unglaubliches Ökosystem bewahrt, das sich durch eine einmalige Meeresflora und eine artenreiche Fauna auszeichnet, wird die Erhaltung des Meeres zur absoluten Verpflichtung. Dies beweisen eindeutig die langen Stege, von denen man nur ins offene Meer springen darf, um die Algen und die Flora im ersten Abschnitt des Meeresgrundes nicht zu zertreten oder zu beschädigen.

Das Rote Meer gleicht einem Meeresarm, der fast gänzlich von weiten Wüstenebenen umgeben ist. Dieser besondere Charakter kommt auch in dem Farbenspiel zum Ausdruck, das sich in Sharm el-Sheikh auf Schritt und Tritt bietet, wo das von Grün über verschiedene Azurtöne bis Tiefblau schimmernde Meer einen faszinierenden Gegensatz zu dem warmen Ocker der Sandküsten und kahlen Hügel bildet.

DISCOVERY
DISCOVERY
SUN'N FUN
WATER SPORTS
Parasailing

SUN 'N FUN
SCHOOL

Naama Bay

Wenn man vom Roten Meer spricht, steigen in Gedanken sofort Bilder auf von Stränden unter glühender Sonne, kristallklarem Meereswasser und endlosen Sandebenen. Sharm hat aber noch ein anderes Gesicht, das so manche Überraschung bereit hält, in erster Linie ein ungemein reges und berauschendes Nachtleben. Ein untrüglicher Beweis, dass die Vergnügungsindustrie hier in einer stetigen Aufwärtsentwicklung begriffen ist. Zwar ist der unbeschreibliche Zauber einer Sternennacht mit Mondschein, womöglich mit einem nächtlichen Bad im Roten Meer, kaum noch zu überbieten, doch erstrahlen die Nächte in Sharm el-Sheikh bei besonderen Anlässen im Glanz traumhafter Feste, und auch an gewöhnlichen Abenden fehlt es nicht an Unterhaltung, besonders in Naama Bay, dem Zentrum der modernen Stadt mit einer Fülle an Infrastrukturen, Hotels, Geschäften und Lokalen. Eine breit gefächerte Palette mit Bars und Restaurants, auch internationale Küche, ist in der Lage, jedem Anspruch gerecht zu werden, von frugalen Mahlzeiten bis zu ausgesuchten Raffinessen. Daneben bieten Clubs, Künstlerzentren und Casinos Gelegenheit, auf unterhaltsame Art neue Erfahrungen zu machen, und die Geschäfte, die bis spät in den Abend hinein geöffnet sind, laden zu einem ausgiebigen Shopping-Vergnügen ein. Und dann die Musik, mit Live-Events einheimischer Künstler, aber auch mit Stars von internationalem Ruf, modernste Diskotheken, berühmte DJ's, die Schwung in die Lokale bringen, interessante Festivals und traditionelle Konzerte für Musikfreunde, die den klassischen Genre bevorzugen. Mit anderen Worten, hier an den Ufern des Roten Meeres herrscht auch bei Nacht ein pulsierendes Leben.

Nightlife

Naama Bay

Nightlife

OLD MARKET

H&K 2
BAZAR
الألفي
ELALFY

Old Sharm

Das alte Sharm ist des historische Herz dieses Städtchens, wo die echte ägyptische Seele dieser Gegend am stärksten zum Ausdruck kommt. Hier, in dem bunten und chaotischen Straßengewirr, wo sich die Gebäude wie willkürlich hingesetzt aneinander reihen, ballt sich die lärmende Menschenmenge zwischen modernen Läden und rudimentalen Ständen, Käfigen mit flatternden Hühnern, Händlern, die Gewürze und Duftessenzen verkaufen, Handwerkern, die ihre Leder- oder Terrakotta-Kreationen ausstellen, Käufern, die bis aufs Letzte feilschen, und Tabak rauchenden Männern. Die ganze Altstadt ist voller Leben – eine Symphonie aus Klängen, Düften und Farben.

Das charakteristische Old Sharm ist der stets bevölkerte, farbenprächtige alte Ortskern des heutigen Seebads.

Koriander
CORIANDRUM SATIVUM

EIGENSCHAFTEN:
Einjährige Gewürzpflanze der Familie der Umbelliferae mit kleinen kugelartigen Früchten, fälschlicherweise „Koriandersamen" genannt.
VERWENDUNG IN DER GASTRONOMIE:
Als Gewürz für Huhn und Gemüse, gemahlen auch für Süßwaren, Pudding und Gebäck.

Kümmel
CUMINUM CYMINUM

EIGENSCHAFTEN:
Einjährige Gewürzpflanze der Familie der Umbelliferae. Sie produziert Früchte, die dem Samen des Feldkümmels gleichen.
VERWENDUNG IN DER GASTRONOMIE:
Intensive, typisch orientalische Würze. Kümmel wird in Saucen für Schweine- und Hammelfleisch, Couscous und Gemüse verwendet.

Muskatnuss
MYRISTICA FRAGRANS

EIGENSCHAFTEN:
Immergrüner Baum, gehört zur Familie der Myristicaceae. Die pflaumenartigen Früchte enthalten in einer holzigen Schale die Nuss.
VERWENDUNG IN DER GASTRONOMIE:
Generell als aromatische Würze für unzählige Gerichte, sowohl süße als auch salzige.

Sesam
SESAMUM INDICUM

EIGENSCHAFTEN:
Einjährige Gewürzpflanze der Familie der Pedaliaceae. Das Gewächs produziert kleine Kapseln, die zahlreiche Samen enthalten.
VERWENDUNG IN DER GASTRONOMIE:
Sehr verbreitet in der chinesischen Küche und im mittleren Orient. Sesam wird für viele Hauptgerichte, aber auch für die Herstellung von Saucen verwendet.

Auch die **Küche** in Sharm ist eine Augenweide, ein Genuss für Gaumen und Nase. Die ägyptische Gastronomie, die über eine Vielfalt an Rezepten für appetitanregende und würzige Gerichte (oft Tellergerichte) verfügt, ist gesundheitsbewusst (es werden wenige Fette verwendet, und wenn, dann fast nur Pflanzenfette) und außergewöhnlich farbig. Dafür sorgen schon die vielen Aromen und Gewürze, die reichlich zur Anwendung kommen, um die Gerichte herzhafter zu machen, aber auch die zahllosen Produkte dieses Landes: Fleisch, u.a. Hammel- und Lammfleisch, am Spieß oder vom Grill, ein echtes Nationalgericht, daneben aber auch Hühnerleber, die vor allem gebacken gut schmeckt; Fisch ist nicht übermäßig verbreitet und wird relativ wenig verwendet, wenn man bedenkt, dass das Land über viel Meeresküste verfügt; Gemüse, und insbesondere Hülsenfrüchte, die für Eintöpfe, Beilagen oder Füllungen verwendet werden; und Obst, immer im Überfluss und in leuchtenden Farben, ob es sich nun um Orangen oder Bananen, Datteln oder Melonen, Pfirsiche oder Trauben handelt. An den Ufern des Roten Meeres, wo die Beduinenkultur vorherrscht, kann man so köstliche Gerichte kosten wie: *Kawareh bi Hummus* (Kalbsfußsuppe) und *Kamouneya* (Kümmelgulasch), *Samak bi Tahina* (Fisch in würziger Sesamsauce, der „tahina"), *Khabli Palau* (Lamm mit Aprikosen) und *Lissan al Assfour* (geschmortes Lamm

mit Suppennudeln). Im Übrigen werden Süßspeisen hier nicht am Ende der Mahlzeit serviert, sondern nach orientalischem Brauch dem Besucher zwischendurch zum Naschen angeboten; sie sind zuckersüß und triefen vor Honig.

Ägypten blickt in Bezug auf das **Kunsthandwerk** auf eine tausendjährige Tradition zurück, mit einer qualitativ hoch stehenden Produktion, die eng mit der Kultur und den Traditionen des jeweiligen Herstellungsortes verknüpft ist, aber auch mit den Materialien, die diesem trockenen Boden abgerungen werden. Auf diesem Gebiet rangieren an erster Stelle, was die Schönheit der Manufakte, oft für den Hausgebrauch, betrifft, Webwaren (eine Kunst, die der Überlieferung nach an den Ufern des Nils geboren und, wie eine Legende erzählt, sogar von der Göttin Isis erfunden wurde) und Keramiken, dann Artikel aus Alabaster, Kupfer und getriebenem Silber, eine besondere Kunst der Beduinenkultur, doch verdienen auch die Parfums, die Gewürze und Halbedelsteine Beachtung, insbesondere der leuchtende Türkis. So wird ein Bummel durch die kleinen Geschäfte und Stände, die voll behangen sind mit Kreationen von unbestrittenem künstlerischem Wert, zu einem unvergesslichen Erlebnis. Ebenfalls zur Kultur des Landes gehört die unweigerlich darauf folgende Phase des Einkaufs – obwohl diese Sitte eher in Arabien zu Hause ist – und zwar das übliche und vergnügliche Handeln um den Preis.

IMAGE

Aufgrund der außerordentlich starken Zunahme des Tourismus in den letzten Jahren, der das ursprünglich beschauliche, kleine Fischerdorf total verändert hat, bietet Sharm el-Sheikh heute mit seinen renommierten Lokalitäten Naama Bay, Coral Bay und Shark Bay ein überreiches Angebot an Hotels, Feriendörfern und touristischen Anlagen, die sich alle wunderbar in den landschaftlichen Kontext einfügen. Es handelt sich ausnahmslos um hervorragend ausgestattete Einrichtungen, die in der Lage sind, den unterschiedlichsten Anforderungen eines modernen Fremdenverkehrs gerecht zu werden.

Eine Welt unter Wasser

Viele der spektakulären Aspekte des Roten Meeres stehen im Zusammenhang mit den herrlichen Meeresgründen, wo eine Unzahl von Schwämmen, Hydrozoen (Quallen), Cnidariern (Nesseltiere), Gorgonien, Alcynonaria, Weichkorallen, Riff- oder Steinkorallen (Madreporaria) und Aktinien (Seeanemonen) anzutreffen ist, die mit ihrer Farbenpracht schon in wenigen Metern Tiefe die Wunder dieser Unterwasserwelt offenbaren.

Shark Bay

Shark Bay hat sich im Laufe der Jahre stark verändert, und an der Stelle des einzigen Beduinenzeltes, das den Badegästen einst Gastlichkeit bot, stehen heute beachtliche Bungalows und schöne Häuser, die sich harmonisch in die Landschaft einfügen. Die sanften Wellen des Meeres laufen hier auf den von Felsdünen geschützten Strand auf. Das Riff beginnt bereits wenige Schwimmstöße vom Ufer entfernt, und schon taucht man ein in eine irreale und phantastische Welt, in der es von Lebewesen wimmelt, die eher aus der Phantasie einer abstrakten oder psychedelischen Zeichnung geboren zu sein scheinen als aus den strengen Gesetzen der Natur.

Shark Bay, im Rahmen des Tourismus die Perle von Sharm el-Sheikh, ist ein von Sandstränden umgebener ruhiger Ferienort und zugleich ein hervorragender Ausgangspunkt für Exkursionen und Tauchausflüge.

ABUHARA 003

Die tägliche Arbeit der einheimischen Fischer, das smaragdfarbene Meerwasser mit einem kaleidoskopartigen Farbenspiel, das durch die Korallenbank hervorgerufen wird, die Sandstrände und die Felsen, mit denen die wunderschönen Buchten umrahmt sind, alles in Sharm dreht sich um das herrliche Meer. Ein Meer, das für Taucher – auch Anfänger –außergewöhnliche Erlebnisse und Emotionen bereithält, die sich nur schwer mit Worten beschreiben lassen.

Green in

Sharm el-Sheikh ist heute in der Lage, seinen Besuchern ein neues, faszinierendes Erlebnis zu bieten, und zwar das Golfspiel vor dem Hintergrund der Felsenberge des Sinai. Zwischen der belebten Naama Bay und den modernen Anlagen des Flughafens wurde 1998 ein hervorragend eingerichteter Golfplatz mit 18 Löchern und ausgedehnten Grünflächen eröffnet: **Jolie Ville Möwenpick Golf Resort**. Hier, zwischen prächtigen Palmen auf dem peinlich gepflegten Rasen, können sich in ständiger Anwesenheit erfahrener Trainer sowohl Anfänger als auch Golf-Profis in dieser Sportart üben. So ist es auch kein Zufall, dass gerade hier jedes Jahr zahlreiche Turniere veranstaltet werden. Der im Stil der Parcours Floridas ebenerdig angelegte Platz von Sharm el-Sheikh ist ein Par 72 mit einer Bahnenlänge von 6021 Metern, das eine gute Technik und ein hohes Maß an Präzision voraussetzt. 14 Löcher enthalten Wasser. Sehr schön ist die Nr. 12, ein Par 4 mit einer Bahnenlänge von 406 Metern, das nach einem anfänglich wüstenartigen Gelände mit dem an einen See grenzenden Green endet. Und zur Erholung nach dem Wettkampf steht das luxuriöse *Klubhaus* zur Verfügung, ein exklusives Ambiente, das bereits mehrfach für wichtige Friedenskonferenzen des Mittleren Orients benutzt wurde.

der Wüste

Ras Mohammed National Park

Ras Mohammed, die äußerste Spitze der Sinai-Halbinsel, reiht sich mit Recht in die zehn schönsten Tauchgründe der Welt ein. Das 1983 geschützte Gebiet mit einer anfänglichen Ausdehnung von 97 Quadratkilometern bedeckt heute eine 480 Quadratkilometer große Fläche. Der Park wird im Osten durch den Golf von Akaba und im Westen durch den Golf von Suez begrenzt. Eine Reihe obligatorischer Wege, die in verschiedenen Farben gekennzeichnet sind, durchqueren den ganzen Park, damit der Besucher auch den malerischsten Winkel, die verborgenste Bucht, den einsamsten Strand und den

Ras Mohammed National Park
Ein Taucherparadies
Main Gate
Marsa Bareika
Salzsee
Yolanda B
The Quay
Hidden Bay
Mangrove
Channel
Mangrove Island
Oberflächliches Riff
-0,5 m
Satellite Reef
Reste des
gesunkenen Schiffes
Yolanda
N
-796 m

Die Fauna des Parks

Weißstorch

Fischreiher

Fischadler

Hyäne

Gazelle

Wüstenfuchs

kuriosesten, spektakulärsten Ausblick entdecken kann. Hier findet man die verschiedensten Tiere in großer Zahl, wie den **Wüstenwolf** und die **Hyäne**, die **Gazelle** und den **Steinbock**, und in der Vogelwelt den ***Pandion haliaetus*** oder **Fischadler**, den **Weiß-** und **Schwarzstorch** und den eleganten **Fischreiher**. Aufgrund der besonderen Bedingungen des Wassers, das kristallklar ist und eine Temperatur von +20 Grad hat, besitzt Ras Mohammed eines der schönsten Korallenriffe der

Die gesamte Landzunge von Ras Mohammed mit dem in Urzeiten entstandenen Korallenriff wurde als Naturschutzgebiet erklärt, um hier das Ökosystem auf dem Land und im Wasser zu erhalten.

Nebenstehende Seite: Im Ras Mohammed National Park bietet die Natur ein überwältigendes Schauspiel. Oben, ein außergewöhnlicher Anblick sind die so genannten Atemwurzeln der Mangroven (Avicennia marina); unten der natürliche Felsbogen in der Yolanda Bay

Uralte Korallenformationen tauchen heute in Ras Mohammed aus dem pulverfeinen Sand der Strände auf.

Welt, dessen Formation 15.000 bis 2 Millionen Jahre zurückreicht. Das Riff enthält mehr als 150 verschiedene Korallenarten. Außerdem befinden sich hier Exemplare Tausender von Fischarten, die im Roten Meer leben. Zum Beispiel der *Cheilinus undulatus* mit seiner leuchtend apfelgrünen Farbe, der *Thalassoma purpureum*, dessen türkisfarbener Körper von rötlichen Streifen durchzogen ist, der *Chaetodon semilarvatus* mit einem schwarzen Auge auf dem orangefarbenen Körper, der *Pygoplites diachantus* mit gelb-blauer Streifung. Faszinierend und gefährlich schön ist auch der Steinfisch, der berühmte *Synanceia verrucosa*, der sich dem Untergrund so vollkommen anpasst, dass man ihn nicht mehr erkennen kann. Zwar ist die Flora in Ras Mohammed eher spärlich, doch finden sich hier herrliche Exemplare von Mangrovebäumen. Die im Park vorkommenden Gewächse sind nördlich des Indischen Ozeans zu Hause. Die Mangrovenart *Avicennia marina* gehört der Familie der *Rhizophoraceae* an und bildet ein wichtiges Ökosystem der Küstengebiete mit Tropenklima. **Mangroven** wachsen in Brack- und Lagunenzonen und haben Atemwurzeln, die aus dem Schlamm und dem Wasser herausragen und somit für den Sauerstoffaustausch sorgen. Am besten kann man den üppigen Mangrovenwald in seiner ganzen Schönheit sehen, wenn man die *Hidden Bay* (Versteckte Bucht) hinter sich lässt und den *Mangrove Channel* durchquert. Die Insel, die man vor sich sieht, heißt *Mangrove Island*. Etwa eine Schiffsstunde von Ras Mohammed entfernt kann man auf der ausgedehnten Madreporensiedlung *Beacon Rock* in nur 28 Meter Tiefe das Wrack des englischen Frachtschiffes **Dunraven** besichtigen, das mit seiner Ladung Wolle, Baumwolle und Holz im April 1876 gesunken ist, nachdem es die Riffwand gerammt hatte.

Auch tief unter Wasser kennt die Kraft der Natur keine Grenzen. Ein Beweis dafür ist dieses Bild, das auf dem Meeresgrund des Ras Mohammed National Park aufgenommen wurde: Der Flora und Fauna (insbesondere die Alcyonaria) ist es hier hervorragend gelungen, das Relikt eines Schiffbruchs, nämlich einen Metallcontainer, zu kolonisieren.

Die Unterwasserwelt hält eine unendliche Fülle an Überraschungen bereit, steil abfallende Riffe und ausgedehnte Korallenbänke, wo sich Abertausende bunt schillernder Fische tummeln, wie hier dieser elegante Engelsfisch.

Das Kora

Korallenriffe oder Korallenbänke gibt es auf unserem Planeten seit mindestens 450 Millionen Jahren. Ein Korallenriff besteht aus einer immensen Kolonie lebender Madreporen oder Korallenpolypen, Invertebraten mit kelchförmigem, kalkhaltigem Skelett, die sich im Laufe der geologischen Epochen aufgeschichtet haben und vom Meeresgrund bis zur Wasseroberfläche angewachsen sind. Korallenriffe befinden sich gewöhnlich nicht weit von der Küste entfernt und wachsen einen bis hundert Zentimeter im Jahr. Riffe, die sich rund um Vulkaninseln bilden und eine typische Ringform annehmen, heißen Atolle. Korallenriffe stellen reiche Ökosysteme dar. Zusammen mit dem Regenwald gilt das Riff als das produktivste Natursystem der Welt, wo die unterschiedlichsten Lebewesen, sowohl tierische als auch pflanzliche Spezies, angesiedelt sind. Neben Fischen gibt es hier zahlreiche wirbellose Tiere, von Seesternen bis Mollusken, von Korallen aller Art bis zu Schwämmen, die auf der niedrigsten Entwicklungsstufe tierischen Lebens stehen. Haie und Muränen finden in den zahlreichen Spalten der Korallenbank Unterschlupf. Leider hat man in letzter Zeit ein seltsames Phänomen beobachtet: Die Korallenbänke werden zunehmend „weißer", möglicherweise wegen der Überhitzung des Wassers, das nicht selten Temperaturen von über 29 Grad erreicht, wogegen die optimale Temperatur für das Wachstum der Korallen 26 bis 27 Grad beträgt.

Diese eindrucksvollen Luftaufnahmen der Meerenge von Tiran zeigen deutlich die Formen der Korallenriffe, die sich durch das tiefblaue Meer ziehen.

l l e n r i f f

Die Meerenge von Tiran

Nur wenige Seemeilen trennen die ägyptische Küste des Sinai von der Küste Saudi-Arabiens. Die beiden Inseln Tiran und Sanafir zählen rechtlich zwar zu Saudi-Arabien, gehören aber zu ägyptischem Territorium und wurden 1983 in den Ras Mohammed National Park einbezogen. Die Gründe dieses Meeresarmes gelten als die schönsten der Welt und sind ein wahres Taucherparadies. Die starken Strömungen in diesen Gewässern transportieren eine Unmenge an Plankton und schaffen so das ideale Habitat für Tausende von Wasserspezies. Nicht nur das: Die Wände der Riffe sind mit außergewöhnlichen Kolonien zart gefiederter Korallen (Alcyonaria sp.) und den wunderschönen Fächern der in leuchtenden Farben schillernden Gorgonien überzogen, während die Strände einen hervorragenden Lebensraum für die Reproduktion der Meeresschildkröten bieten. Aus einem Meeresgrund, der bis tausend Meter tief abfällt, ragen nicht weniger als vier Korallenriffe auf, die in einigen Abschnitten dicht unter dem Wasser sogar Terrassen bilden: das *Gordon Reef*, das südlichste Korallenriff vor der Insel Tiran, an dessen Nordküste seit September 1981 – umgekippt in Seitenlage – das Handelsschiff Louille liegt; das *Thomas Reef*, das kleinste der Riffe; das *Woodhouse Reef*, eine lange, schmale Korallenbank, wo man zuweilen den Leopardenhai sichten kann; das kreisrunde *Jackson Reef* an der Nordspitze der Meerenge; auch hier liegt in 70 Meter Tiefe das Wrack eines Handelsschiffes namens Lara. Alle vier Riffe sind durch einen kleinen Leuchtturm markiert. Für Taucherfreunde sind diese aus dem Wasser ragenden Felsen immer ein Paradies gewesen, doch ebenso eine Gefahr für die Schiffe, die durch diese Gewässer fuhren. Dies beweisen die zahlreichen Wracks, die wieder aufgetaucht sind oder noch auf dem Meeresgrund liegen. Schon in frühesten Zeiten stellte das Rote Meer einen günstigen Wasserweg für alle Schiffe dar, die aus dem Orient Waren ins Mittelmeerbecken transportierten und deren Zahl nach der Eröffnung des Suezkanals 1869 stetig anstieg.

Das Wrack des Handelsschiffes Louille legte sich auf die Seite, als es 1981 während der Fahrt von Akaba nach Suez auf das Gorden Riff auflief und zerschellte.

Schiffswracks

DIE PANZER DER THISTLEGORM UND DAS GOLD DER CARNATIC

Louille, Maria Schroeder, Thistlegorm, Dunraven, Carnatic, Rosalie Moller. Die unendliche Geschichte des Meeres ist reich an Namen. Und hinter jedem Namen verbirgt sich ein Schicksal, ein Ereignis, mehr oder wenig schön, mehr oder wenig abenteuerlich, mehr oder wenig mysteriös. Sobald ein Schiff zum Wrack geworden ist, nehmen es die Fische und die Korallen in Besitz. Die Herren des Meeres dringen überall ein, in die Laderäume, in die Korridore, in die Kabinen, sie richten sich häuslich ein und suchen hier Zuflucht. Aber in Wirklichkeit ist keines dieser Schiffe tot. Schon allein, weil sie zu faszinierenden Studienobjekten wurden einmal für die Flora und Fauna des Meeresgrundes, und zum anderen, weil sie einen einmaligen dokumentarischen Wert einer bestimmten historischen Epoche darstellen, die das Wrack für immer festgehalten hat. Auf diesem riesigen Friedhof gesunkener Wracks gibt es zwei Schiffe, die zu außergewöhnlichen Attraktionen für Taucher und zu regelrechten historischen Zeugnissen geworden sind. Gemeint sind die Thistlegorm und die Carnatic. Das erste war ein Frachtschiff, das für englische Truppen bestimmten Proviant und Kriegsmaterial transportierte, mit 39 Mann an Bord. Es war im Mai 1941 in Glasgow ausgelaufen. Das Schiff war 126 Meter lang und hatte eine Tonnage von 4.898 Tonnen. In der Nacht vom 5. zum 6. Oktober wurde es von vier deutschen Bombern gesichtet und auf der Höhe des Munitionslagers getroffen. Eine Stunde später sank es senkrecht ab und blieb 30 Meter tief auf dem Grund in Navigationslage liegen. Im März 1955 fand Jacques Cousteau im Verlauf einer Spedition der Calypso das Schiff fast intakt auf. Doch sollten noch fast zwanzig Jahre vergehen, bis es von Tauchern zum zweiten Mal

im Roten Meer

entdeckt wurde und die breite Öffentlichkeit davon erfuhr. Die Thistlegorm, deren Name auf Gälisch „Blaue Distel“ (die schottische Nationalblume) bedeutet, ist ein wahres Militärlager unter Wasser. Sie transportierte eine wichtige Ladung mit Motorrädern BSA, Norton 16H und Matchless, Lastwagen Bedford und Ford, Kleinlastern Morris, Panzer, Lokomotiven Stanier 8F, Gewehren und Munition. Der außergewöhnlich gute Erhaltungszustand der gesamten Ladung und die hervorragende Sicht sind ein Erlebnis, das im Taucher, der das Wrack besichtigt, einen unvergesslichen Eindruck hinterlässt. Vom Kriegsmaterial zum Gold, einem Gold, das nicht mehr zu finden ist. Es ist das Gold der Carnatic, eines englischen Dampfers, der am 14. September 1869 nachts um 1.15 Uhr gesunken ist, nachdem er in der Meerenge von Gobal auf die Korallenbank Abu Nuhas aufgeprallt war. Das Schiff, das nach Bombay fahren sollte, transportierte Flaschen mit Wein und „Londoner Sodawasser“, die für die englischen Soldaten in Indien bestimmt waren. Aufgrund einer fatalen Entscheidung des Kommandanten verließen die 230 Passagiere nicht gleich das Schiff, sondern blieben an Bord, um auf Hilfe durch das in der Nähe vorbeifahrende Schiff Sumatra zu warten. Leider nahm der Wellengang während der Nacht so stark zu, dass das Schiff auseinanderbrach. Das Heck ging unter und riss 31 Passagiere und die Mannschaft mit in die Tiefe. Ein abenteuerlicher Aspekt der dramatischen Geschichte der Carnatic bestand darin, dass die Schiffsladung auch 40.000 Gold-Sterling umfasste, eine für die damalige Zeit riesige Summe. In den Wochen nach dem Schiffbruch führte man zahlreiche Rettungsaktionen durch, bei denen 32.000 Pfund Sterling geborgen werden konnten, doch ein weiteres Absinken des Schiffes verbot schließlich jeden Tauchversuch. So manch einer behauptet heute, dass in irgend einem Winkel des Schiffsrumpfes noch ungefähr zehntausend Goldstücke versteckt sind.

Vorhergehende Seiten:
Das Innere der Dunraven und das, was von einer Treppe übrig blieb. Zu den Schätzen der Thistlegorm gehörten die prächtigen Bsa VVDM20 1 Zylinder 500 cm^3, die im Laderaum Nr. 2 eingeschlossen waren.

Oben und unten, weitere Bilder aus dem Schiffswrack der Thistlegorm mit den korrodierten Resten der Ladung Bedford-Lastwagen und Lee Enfield-Gewehren, die damals in einem Schiffsraum gelagert waren.

Oben, das gespenstische Bild des Führerhauses eines der von der Thistlegorm transportierten Bedford-Lastwagen.

Unten, ein Haufen Gummistiefel, die in einem Laderaum lagen und der langjährigen Zersetzung durch das Meerwasser einigermaßen standgehalten haben.

Das versunk

ene Paradies

Schnorcheln

Das Rote Meer ist ein wahres Taucher- und Schnorchelparadies. Um die Wunderwelt unter Wasser zu erkunden, braucht man Flossen, Tauchermaske und Schnorchel (ein Kunststoffrohr, das die Luftverbindung vom Mund zur Wasseroberfläche herstellt). Die Meeresgründe hier zeichnen sich durch Riffe aus, die nur wenig oder halb aus der Wasseroberfläche herausragen, sodass auch Sporttaucher, die an der Oberfläche schwimmen, in aller Ruhe das artenreiche Unterwasserleben und die zahllosen bunten Meeresbewohner beobachten können. Zumal der überwiegende Teil der Fische und Tiere in diesem Meer gerade die ersten Meter des Riffs bevölkern, wo eine erstaunliche Vielfalt an Lebewesen anzutreffen ist. Schon in wenigen Metern Tiefe trifft man auf Höhlenbewohner und Spezies der sandigen Meeresgründe. Ein Schwimmausflug in tiefere Gewässer hält meist atemberaubende Überraschungen bereit, wie die Begegnung mit großen Fischen und Raubfischen wie dem Barrakuda und dem Hai. Schnorchler können sich ihnen meist besser nähern, da sie sich geräuschloser bewegen als Taucher mit Atemgerät.

Die Gewässer des Roten Meeres sind außergewöhnlich reich an lebenden Organismen, die alle um die Korallenbänke angesiedelt sind und schon allein ein großes Ökosystem darstellen. Diese Riffs sind mit einer Unmenge an Tier- und Pflanzenspezies bevölkert, die einen ständigen Konkurrenzkampf um den Lebensraum führen. Zu den Hauptbewohnern gehören die Madreporaria, auch Riff- oder Steinkorallen genannt, vielförmige Korallentiere, die in riesigen Kolonien leben und durch den Entzug von Kalziumkarbonat aus dem Wasser ihr eigenes Skelett bauen. Darüber lagern sich andere Kalkschichten ab, die im Laufe von Millionen von Jahren die großen Korallenbauten entstehen lassen. Hier tummeln sich unentwegt Fischschwärme aller Art in bunt schillernden Farben. Elegante Engelsfische (mit leuchtendem Kleid, das mit fortschreitendem Alter vollkommen seine Farbe wechselt,

und mit einer sexuellen Entwicklung, bei der die Jungtiere weiblich sind und später männlich werden), die treuen Schmetterlingsfische (das Paar lebt oft das ganze Leben zusammen), die spektakulären Papageifische (sie laben sich mit Vorliebe an der dünnen Algenschicht über den Madreporen), und die Doktorfische (ihr Name rührt von den beweglichen Schwanzflossenspitzen und den wie Skalpelle wirkenden Knochen seitlich des Schwanzstieles her). In den warmen Gewässern des Roten Meeres leben aber noch auf andere eindrucksvolle Meeresbewohner wie die Muränen, die in den engen Höhlen der Korallenbarrieren leben, oder der prächtige Zackenbarsch, ein riesiger Raubfisch, der auch Krustentiere nicht verschmäht, der unermüdliche Putzerfisch, der ständig damit beschäftigt ist, die anderen Fische von Parasiten und abgestorbenen Schuppen zu befreien, und der majestätische Napoleonfisch mit seinen plumpen Bewegungen, der von den Tauchern wegen seiner Zutraulichkeit besonders geschätzt wird. Unterwasserausflüge im Roten Meer sind zweifellos faszinierend, doch nicht immer ungefährlich. Vorsicht geboten ist zum Beispiel bei einer Begegnung mit Hornfischen, die, wenn sie sich bedroht fühlen, angreifen und beißen.

Vor allem hüte man sich vor den Skorpionfischen (sie sind oft an ihrem auffallend leuchtendem Farbkleid erkennbar) und den noch tückischeren Steinfischen (sie liegen getarnt und reglos auf dem Meeresgrund auf der Lauer und warten auf die Beute); sie haben mit Giftdrüsen verbundene Stacheln, die, wenn man sie berührt oder auf sie tritt, ein gefährliches Gift einspritzen, dessen Wirkung tagelang anhält und im Ernstfall auch zum Tode führen kann. Weniger gefährlich, aber sicherlich nicht angenehm, ist der Kontakt mit der gemeinen Feuerkoralle, den Medusen und einigen Exemplaren von Seerosen und Nesseltieren, die ein stark juckendes Nesselgift verspritzen. Am besten schützt man sich vor ihnen mit einem kompletten Taucheranzug und Handschuhen. Schmerzhaft erweisen kann sich auch die Berührung mit Diademseeigeln (aufgrund der Toxine, die in der dünnen Hautschicht über den Stacheln enthalten sind) und Torpedofischen (sie sind

mit einem einzigartigen Elektroschocksystem ausgestattet, das sie anwenden, sobald sie belästigt werden). Bei der Erkundung des Habitats von Krustentieren und Mollusken, Bivalvien und Seesternen trifft man nicht selten hier und da auf eine Meeresschildkröte oder einen Hai, der jedoch entgegen der üblichen Meinung keine unmittelbare Gefahr darstellt, insofern als er fast nie den Menschen angreift, sondern beim ersten Versuch einer Annäherung eher das Weite sucht.

Dahab

Vielleicht ist es die goldene Farbe des Sandes („Dahab" heißt in der Beduinensprache „Gold"), nach der dieses reizende Städtchen benannt ist, das knapp eine Autostunde von Sharm el-Sheikh entfernt liegt. Früher war es nur ein bescheidenes Dorf, das Assalah hieß; dann wurde es von den Touristen entdeckt und hat sich auf dem Bergrücken, der die beiden Buchten Qura und Ghazala voneinander trennt, zu einem bezaubernden Urlaubsort entwickelt. Eine besondere Charakteristik von Dahab ist der Umstand, dass die Tauchgründe auch vom Land her bequem zu erreichen sind. Der **Canyon** und das **Blue Hole** sind spektakuläre und ungemein beeindruckende Tauchgründe mit einer außerordentlich artenreichen Meeresfauna.
Blue Hole gehört zu den berühmtesten und gefährlichsten Tauchgründen an der Sinai-Küste: ein Krater mit 50 Meter Durchmesser, wo das

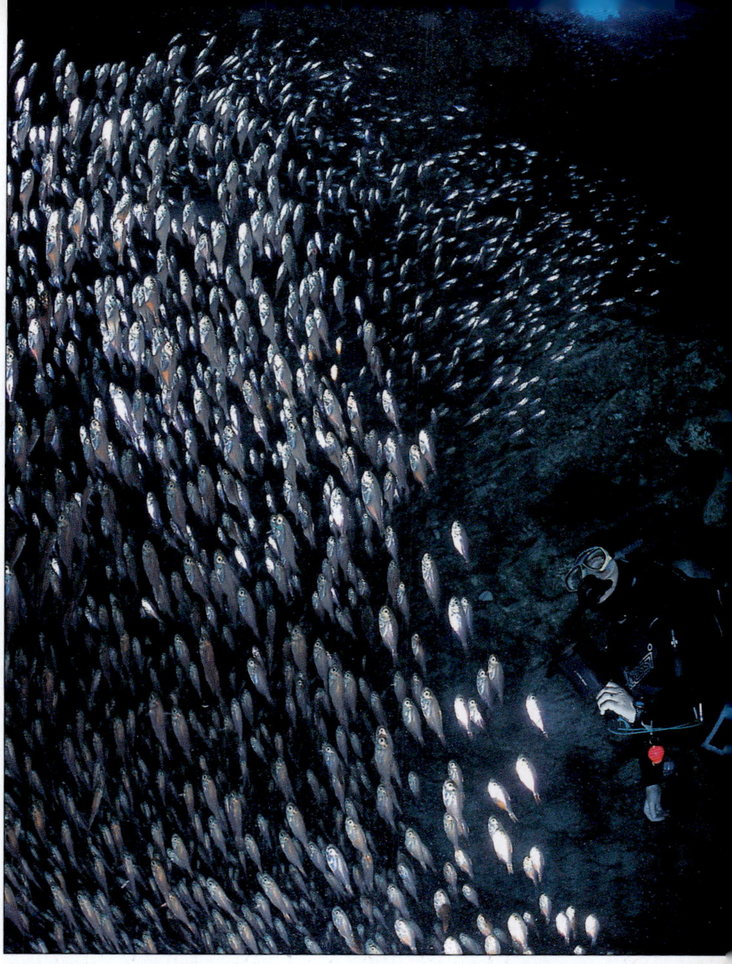

Unbeschreiblich faszinierende Abenteuer erwarten den Taucher in dem herrlichen Meer von Dahab, das sich durch einmalige felsige Gründe auszeichnet.

kristallklare Wasser der Lagune eine tiefblaue Farbe annimmt. Im Inneren des Blue Hole, das bis zu 80 Metern abfällt, öffnet sich eine bogenförmige Passage, das so genannte „Gewölbe“, das die Lagune über das Riff mit dem offenen Meer verbindet.

Die Beduinen: das and

ere Gesicht der Wüste

Das Wort „Beduine“ stammt aus dem arabischen „badawi“ und bedeutet Wüstenbewohner. Damit ist im Allgemeinen die arabisch sprechende islamische Nomadenbevölkerung gemeint, die den Sinai, die arabische Halbinsel und den Negeb bewohnt. Die Beduinengesellsaft ist patriarchalisch. Jede Familie gehört einem Clan an, und jeder Clan wird von einem Scheich regiert. Der Titel wird gewöhnlich vom Vater auf den erstgeborenen Sohn übertragen. Haupterwerbsquelle ist gestern wie heute die Viehzucht. Die Herden liefern Milch und Fleisch für die Ernährung der Familien, aber auch für den Verkauf. Die Wolle wird für die Herstellung von Teppichen, Zelten und Bekleidung verwendet. Letztere besteht aus der „jalabeya“, einem langen Gewand, das der Mann zusammen mit dem „kafya“ trägt, der um den Kopf gebunden und mit einer Schnur befestigt wird.

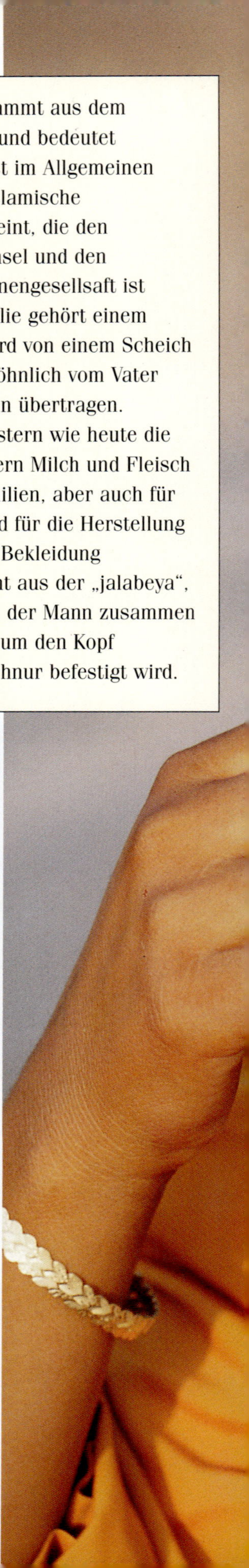

Bizarre

Wer sich heute auf die Pisten wagt, die das Gebiet des Sinai durchqueren, erlebt mit Sicherheit ein Naturschauspiel, das zu den schönsten und atemberaubendsten Erlebnissen zählt, die man sich vorstellen kann. Trotz seiner langjährigen, qualvollen Geschichte konnte dieses Land glücklicherweise seine Eigenart intakt bewahren. Nicht der Mensch, sondern die Natur ist auch heute noch einziger Herrscher und zugleich Zeuge der verrinnenden Zeit, die hier seit Jahrhunderten unverändert geblieben ist. Sobald der Besucher in die magische Welt des Sinai eintaucht, wird er gefangen genommen vom Zauber der bizarren Felsen und der rasch wechselnden Kulisse der Sanddünen, die sogleich eine neue Form annehmen, sobald der Wüstenwind seine Richtung ändert. Hier spürt er etwas vom Geheimnis des Beduinenlebens, mit seinem archaisch ewigen Dasein, dessen Rhythmus von den gleichen Dingen und den gleichen Gewohnheiten wie vor dreitausend Jahren skandiert wird, vom Wagnis, dem ausgetrockneten Flussbett eines Wadi zu folgen, wo es ringsum nur Felsen und nichts als Felsen gibt und wo man plötzlich eine Vegetation entdeckt, die trotz allem überlebt und gedeiht.
Alles dies geht – abgesehen von der Spiritualität, die der Tourist hinter den Mauern des Katharinenklosters finden kann – vom Sinai aus, von dieser Welt aus Fels und Sand, Einsamkeit und Schweigen.
Vielleicht ist dies noch einer der wenigen Orte auf der Welt, wo der Mensch hoffen darf, wieder zu sich selbst zu finden.

Felsenwelt

Exkursionen

in die Wüste

Dem Namen zum Trotz liegt eines der Geheimnisse für den außergewöhnlichen Reiz des Roten Meeres nicht nur im Meer selbst, sondern auch in den trockenen einsamen Wüstenebenen, die bis an seine Küsten heranreichen. Hier in der Felsenlandschaft und an den Sandstränden des Sinai kann man unvergessliche Ausflüge unternehmen, auf den Spuren der Beduinenwelt und ihrer Lager, herrlicher Oasen und bizarr geformter, einsamer Felsen, alter Siedlungen, Kultstätten und unbeschreiblicher Naturschauspiele. Als Fortbewegungsmittel in diesen unwegsamen Wüstengegenden hat man nur die Wahl zwischen Dromedaren und Spezial-Jeeps mit Allradantrieb.

Das Katharinenkloster

GESCHICHTE

Die kleinste Diözese der Welt ist zugleich das älteste christliche Kloster mit der reichsten Ikonen- und Handschriftensammlung, die wir kennen.
Erste Quellen über das Katharinenkloster finden wir in den Chroniken des Patriarchen Eutychios von Alexandria, der im 9. Jahrhundert gelebt hat. Sie berichten, wie Helena, die Mutter Kaiser Konstantins, von der Heiligkeit dieser Orte so beeindruckt war, dass sie im Jahr 330 an der Stelle, wo sich einst der brennende Dornbusch befand, den Bau einer kleinen Kapelle veranlasste. Die Kapelle wurde der Jungfrau Maria geweiht. Während in den folgenden Jahren die wachsende Bedeutung des Klosters für die Christenheit durch zahlreiche kirchliche Schenkungen einerseits zur Bereicherung der Anlage führte, kam es auf der anderen Seite zu einer Reihe von Überfällen und Mordanschlägen durch die Nomadenstämme der Wüste. Diese blutigen Raubzüge gegen die Mönche und Eremiten setzten sich durch das ganze 6. Jahrhundert fort, bis Kaiser Justinian im Jahr 530 eine wesentlich größere Basilika errichten ließ, die später Kirche der Verklärung Christi genannt wurde. Zum Schutz der Mönche gegen Überfälle ließ Justinian rund um das Kloster eine Festungsanlage bauen, die noch heute den Komplex kennzeichnet.
Nach der Eroberung Ägyptens durch die Araber im Jahre 640 wurde das Kloster zu einem Vorposten der Christenheit im grenzenlosen Reich des Islam. Der Überlieferung nach vereinbarte Mohammed persönlich im Jahr 625 den Schutz einer Mönchsdelegation, die sich zum Propheten begeben hatte. Eine Abschrift des Schutzabkommens wird noch heute im Kloster bewahrt. 726 setzte der Bilderstreit ein, und Kaiser Leo III. ordnete die Zerstörung sämtlicher Bilder in den Christengemeinden an. Das abgeschiedene Katharinenkloster konnte als einziges sein kostbares künstlerisches Erbe vollständig erhalten. Auch während der unruhigen Zeit der Kreuzzüge regierten im Kloster Frieden und Stabilität. Der Krieg für die Befreiung der Heiligen Stätten führte wichtige Persönlichkeiten in das Kloster, wie Heinrich II. von Braunschweig, Philipp von Artois und Herzog Albert von Österreich. Im Laufe der folgenden Jahrhunderte reisten zahlreiche Fremde in das Kloster, die, angezogen vom Reiz der biblischen Orte, nicht wenige Gefahren und beachtliche Mühen auf sich

Das kastellartige Katharinenkloster liegt wie ein Juwel in der Felslandschaft des Sinai.

nahmen, um dieses Land zu besuchen. Die kühnsten unter ihnen bestiegen sogar die heiligen Berge. Diese ersten Touristen kamen aus allen Ländern Europas: Engländer und Franzosen, Deutsche und Holländer, und oft hinterließen sie ihre Namen eingraviert an den Wänden der Gebäude, vor allem im Refektorium.
Insbesondere waren es französische Wissenschaftler, die während der vorübergehenden Besetzung

Ägyptens durch Napoleon dem Heer des Kaisers folgten und den Sinai und das Kloster beschrieben. Dies hatte einen immer stärkeren Zustrom von Fremden zur Folge, in erster Linie von Malern und Schriftstellern.
Im 19. Jahrhundert änderte sich auch das Konzept des Reisens an sich, und man kann bereits von Tourismus im modernen Sinne sprechen. Wer die Heiligen Stätten besuchte, unternahm gewöhnlich auch einen Ausflug zum Sinai und zum Katharinenkloster.
In der Folgezeit wurde dieses Gebiet zunehmend für den Fremdenverkehr erschlossen. Bequem zu fahrende, asphaltierte Straßen, gut ausgestattete Hotelkomplexe und ein neuer kleiner Flughafen in der Umgebung haben dazu beigetragen, dass immer mehr Touristengruppen das Katharinenkloster als Reiseziel wählen. Das Kloster gehört auch heute noch der griechisch-orthodoxen Kirche an. Die meisten Mönche hier sind Griechen, die nach der Ordensregel des hl. Basilius von Caesarea (Mönch, Theologe und Bischof von 329 bis 379) leben.

BASILIKA „VERKLÄRUNG CHRISTI“

Man betritt die Basilika durch eine mächtige Eingangstür im Fatimidenstil des 12. Jahrhunderts, die unmittelbar zum Narthex führt, wo unter dicken Schutzgläsern eine herrliche Ikonensammlung vom 5. bis 7. Jahrhundert ausgestellt ist. Wir können sie hier nicht alle aufzählen, doch besonders beachtenswert sind *Der hl. Petrus und die Jungfrau mit dem Kind zwischen den Heiligen Theodor und Georg, Christi Himmelfahrt, Christus Pantokrator* usw. Auch die nächste Tür ist ein Meisterwerk. Man vermutet, dass es sich um die Originaltür der Kirche Justinians handelt. Sie ist aus Zypressenholz und gehört zu den ganz seltenen Holztüren der frühen Christenheit, die zu uns gelangt sind. Sie besteht aus achtundzwanzig geschnitzten Bildfeldern, auf denen typisch christliche Motive, wie der Pfau, der Rebstock usw. dargestellt sind. Der 40 Meter lange und 20 Meter breite Innenraum wird durch zwölf monolithische Granitsäulen in drei Schiffe geteilt. Die Säulen stellen die Monate des Jahres dar und sind mit der Ikone des in dem entsprechenden Monat verehrten Heiligen geschmückt. Die Säulen tragen mächtige Figurenkapitelle, die alle untereinander verschieden sind. Das Mittelschiff endet mit der Apsis, die Seitenschiffe schließen mit zwei Kapellen ab, von denen die Linke dem hl. Jakobus d.J. und die Rechte

Die Fassade der Basilika mit dem Glockenturm. Unten, ein Bild der prächtigen Innenräume. Nebenstehende Seite: Die Stelle, an der Moses der Überlieferung nach den Brennenden Dornbusch sah, ist heute durch eine kleine Mauer geschützt.

Johannes d. Täufer geweiht sind. Wunderschön sind die reich geschnitzten Sitze zwischen den Säulen, die mit Miniaturen verzierte Kanzel und der Bischofsthron aus dem 19. Jahrhundert, den ein armenischer Künstler bemalt hat; die Darstellung zeigt das ursprüngliche Kloster, das von Moses und der hl. Katharina getragen wird. An den Wänden erscheinen ringsum Ikonen und Gemälde mit Szenen aus dem Alten und Neuen Testament. Von der Holzdecke (18. Jh.) mit Goldsternen auf grünem Untergrund hängen fünfzig Lampen und Kandelaber herab, die meisten von ihnen aus Straußenei. Nach der orthodoxen Tradition befindet sich der Altar hinter der Ikonostase. Diese besteht aus vier geschnitzten und vergoldeten Holztafeln mit den Ikonenbildern *Christus*, die *Jungfrau Maria*, die *Heilige Katharina* und *Johannes der Täufer*. Darüber ein mächtiger *Christus am Kreuz*. Jeremias von Kreta bemalte Anfang 17. Jahrhundert die Ikonostase, die der Patriarch der Insel, Cosmos, später dem Kloster schenkte. Hinter der Ikonostase, über dem Hochaltar, befindet sich der wohl kostbarste Schatz der Basilika, das großartige *Mosaik der Verklärung Christi*. Das auf das 6. Jahrhundert datierbare Werk gehört aufgrund seiner fein abgestimmten Farbharmonie zu den schönsten Mosaiken, die wir kennen. Im Stil ähnlich wie das Mosaik in der Hagia Sophia in Istanbul, stellt es in der Mitte den *Verklärten Christus* dar, die beiden *Propheten Moses* und *Elias*, und zu seinen Füßen die *Apostel Petrus*, *Jakobus* und *Johannes*; daneben erscheinen dreißig weitere biblische Gestalten, unter anderem der *Täufer*, die *Jungfrau Maria*, die *Evangelisten*, *Propheten des Alten Testaments* und die *Apostel*. Die beiden Sarkophage am Eingang zum Altarraum sind ein Geschenk der Tochter und Söhne des russischen Zaren Aleksej Michailowitsch (Sophie, Iwan und der spätere Peter d. Große) und der Zarin Katharina d. Großen. Der Marmorsarkophag rechts vom Hochaltar bewahrt die kostbaren Reliquien der Heiligen Katharina, die Tag und Nacht von zahlreichen silbernen Öllampen beleuchtet werden.

DIE KAPELLE DES BRENNENDEN DORNBUSCHES

Diese meistverehrte Kapelle des Klosters betritt man, wie einst Moses auf Geheiß Gottes, auch heute noch barfuß, um die Heiligkeit dieses Ortes zu ehren.

„Leg deine Schuhe ab; denn der Ort, wo du stehst, ist heiliger Boden." (Exodus 3,5).

Hier sah Moses der Überlieferung nach den brennenden Dornbusch, hier offenbarte sich ihm Gott zum ersten Mal in seiner Macht, die ihm Furcht einflößte. Die Kapelle ist winzig klein, kaum drei mal fünf Meter, jedoch reich dekoriert mit schöner blauer Keramik. Ein von vier schlanken Marmorsäulen getragener Altar steht an der Stelle, wo sich die Wurzeln des Dornbusches befinden. Der Busch wurde nach draußen verpflanzt, um über den Wurzeln den Altar errichten zu können.

MOSESBERG (DJEBEL MUSA)

Südlich des Katharinenklosters erhebt sich der 2285 Meter hohe Djebel Musa oder Mosesberg, der in der Bibel Berg Horeb genannt wird. Hier soll der Gott Israels Moses die Gesetzestafeln mit den Zehn Geboten gegeben haben. Der Aufstieg auf den von den drei großen monotheistischen Religionen (Judentum, Christentum und Islam) für einen heiligen Berg gehaltenen Djebel Musa erfolgt zu Fuß und dauert etwa drei Stunden. Mehrere Pfade (unter anderem die „Moses-Treppe" mit 3700 Stufen) führen auf den Gipfel. Der bekannteste ist der „sikket Sayidna Musa" oder „Pfad unseres Herrn Moses", der unmittelbar hinter dem Kloster beginnt. Auf halbem Weg kommt man zu einer Quelle namens „mayet Musa", auch Moses-Quelle genannt, wo der Überlieferung nach der Prophet seine Herde tränkte. Die so genannte „Moses-Treppe" besteht aus mehr als dreihundert Granitstufen; sie wurde der Legende nach von einem einzigen Mönch gebaut, der mit seinem Werk ein Gelübde einlöste. Danach erreicht man das so genannte „Bekenntnis-Tor", wo die Pilger einst bei einem Eremiten, der ständig an diesem Ort lebte, ihre Sünden beichteten.

Links, das Bekenntnis-Tor, an dem die Pilger früher ihre Sünden beichteten.

Auf dem Gipfel des Mosesberges grüßt die Dreifaltigkeitskapelle, wo sich den Pilgern und Touristen ein überwältigendes Panorama auf den Sinai bietet.

Blick vom Djebel Musa zum Katharinenberg; rechts, Pilger und Touristen warten auf dem Mosesberg auf den Sonnenaufgang.

Erst nach der Absolution durften die Pilger ihren Weg bergauf fortsetzen, wo sie das "Glaubenstor" erreichten; hier ließen sie ihre Schuhe zurück und erklommen, wie einst Moses vor dem Angesicht Gottes, barfuß den Berggipfel. An dieser Stelle hatte Kaiser Justinian eine kleine **Kapelle** errichten lassen, die mehrmals zerstört wurde. Auf den Ruinen der letzten Kapelle wurde 1934 die heutige Kirche erbaut.

KATHARINENBERG (DJEBEL KATERIN)

Mit seinen 2642 Metern ist er der höchste Berg der ganzen Sinai-Halbinsel. Er verdankt seinen Namen einer Legende, nach der Engel den Körper der in Alexandria zu Tode gemarterten Heiligen hierher getragen haben. Der Aufstieg auf den Gipfel ist ein Fußmarsch von mindestens fünf Stunden. Auf dem Weg kommt man am **Kloster der 40 Märtyrer** (Deir el-Arbain) vorbei, das an die vom Stamm der Blemmi getöteten Mönche erinnert. Oben auf dem Berg steht die Kapelle der hl. Katharina, die der Mönch Kalixtus erbaut hat. Ein Tuch bezeichnet die Stelle, an der die sterbliche Hülle der heiligen Katharina aufgefunden worden war.

Die Wüste

Wenn man an das Wort „Wüste" denkt, tauchen gewöhnlich Bilder einer trockenen, endlosen und völlig einsamen Gegend auf. Bei näherer Beobachtung entdeckt man jedoch, dass auch die Wüste mit ihrem heißen und unbarmherzigen Klima einen vielseitigen pflanzlichen Mikrokosmos birgt, der in der Lage ist, sich dem Wassermangel und dem Vorhandensein beträchtlicher Salzablagerungen anzupassen. In der Steppe, wo auf dem steinigen Boden sporadischer Baumwuchs anzutreffen ist, wie die *Pistacia atlantica*, die oft bis 20 Meter hoch werden, kann zwar nach einem Regen eine geradezu spektakuläre Blüte ausbrechen, doch ist es vor allem die kleinwüchsige Vegetation mit einjährigen oder immergrünen Gewächsen, Sträuchern und widerstandsfähigen Gräsern, die wunderschöne Blumen in leuchtenden Farben hervorbringen und das eigentliche Leben in der Wüste charakterisieren. Auf diesen Abbildungen sind einige dieser Pflanzen zu sehen, wie das Steppengras *Aaronsonia factorowsky* (oben links), das mit seinen blattlosen Stengeln zu kleinen Sträuchern zusammenwächst und regelrechte Teppiche bildet, die in der Lage sind, den ausgetrockneten kargen Boden bersten zu lassen, und die kräftige *Centaurea procurrens* oder Flockenblume (rechts) mit haarigen, gräulichen Blättern, in denen leuchtend gelbe Blüten sitzen. Auch die Insekten finden hier Nahrung, etwa zwischen den saftigen Blättern eines *Zygophyllum simplex* (oben Mitte), einer einjährigen Pflanze mit gelblich-weißem Stengel, die sogar dort gedeiht, wo der Boden mit einer Salzkruste bedeckt ist.

l e b t

Oase Feiran

„Die ganze Gemeinde der Israeliten zog von der Wüste Sin weiter, von einem Rastplatz zum anderen, wie es der Herr jeweils bestimmte. In Refidim schlugen sie ihr Lager auf... Als Amalek kam und in Refidim den Kampf mit Israel suchte, ...“ (Exodus 17, 1 u. 8).

Das biblische Refidim ist das heutige Feira, das die Araber gern als „Perle des Sinai“ bezeichnen. Umgeben von gigantischen Felsmassiven und überragt von dem 2079 Meter hohen Djebel Serval, gleicht diese Oase einem wahren Paradies.
Die Oase erstreckt sich über etwa vier Kilometer, ein sattgrüner Streifen mit Dattelpalmen und Tamerisken, dazwischen verstreut Häuser aus getrocknetem Lehm. Hier wird alles angebaut: Mais, Gerste, Weizen und Tamerisken, doch den Hauptanteil macht die Dattelernte aus.

Die liebliche Oase Feiran mit ihrem üppigen Grün war in der Antike ein wichtiges religiöses Zentrum und zugleich obligatorischer Rastplatz auf dem Weg der Pilger, die zum Berg Sinai hinaufstiegen.

Der wildromantische Zauber des tief eingeschnittenen, herrlichen Canyons mit seine felsigen Steilwänden, die in unglaublichen Farbschattierungen von Gelb bis Rot und Zartrosa schimmern.

An diesem Ort, wo der Überlieferung nach der Kampf stattgefunden hat, den am Ende die von Josue angeführten Israeliten gewannen, entstand später ein kleines Kloster, das vom Katharinenkloster abhing. Heute werden in der winzigen Klosterkirche einige sehenswerte Ikonen, Steinkapitelle und Säulenschäfte aus dem 5. Jahrhundert bewahrt.

Farbiges Canyon

Etwa neunzig Kilometer nördlich von Dahab, in der Nähe der Ortschaft Nuweiba, stößt man nicht weit von der Oase Ain Furtaga entfernt auf ein weiteres unschätzbares Meisterwerk der Natur, den herrlichen „farbigen" Canyon. Der Weg zum Canyon, der nur auf einem langen Fußmarsch zu erreichen ist, führt durch eine weite Sand- und Felsenwüste. Aber die Mühe wird durch ein überwältigendes Naturschauspiel belohnt. Das breite Tal verengt sich unvermittelt und bildet eine Art enge, tiefe Felsenschlucht, die sich fast 700 Meter lang zwischen mächtigen, bis 50 Meter hohen Sandsteinwänden durchwindet. Canyons sind in dieser Gegend keine Seltenheit. Dort wo einst Wildbäche flossen, ließ die Erosion im Laufe von Jahrtausenden tiefe Einschnitte entstehen, in denen heute das Regenwasser die typischen Wadi bildet. Aber wie schon der Name besagt, besitzt dieser Canyon eine Besonderheit, denn seine Felswände zeichnen sich durch verschiedene Färbungen aus. Bizarre Zinnen und durch jahrhundertelange Verwitterung entstandene „Skulpturen" rücken facettenhaft ins Bild und verdichten sich zu einer überwältigenden Kulisse aus Streifungen und Gesteinsadern in den verschiedensten Farben, von leuchtendem Rot zu rosafarbenen Schattierungen und mehr oder weniger intensivem Gelb. Eine Naturerscheinung, die auf die komplexe Mineralzusammensetzung dieser Felsen zurückzuführen ist, die aufgrund der Trockenheit oft bersten, sodass die abgesplitterten Fragmente sich in farbigen Staub verwandeln, der aus Tausenden kleiner und großer Spalten aufwirbelt.

GEBEL EL TÎH
SINAI
GULF OF SUEZ
GULF OF AQABA
RED SEA
EGYPT
ISRAEL
SAUDI ARABIA
MIDBAR
Nakhl
El Kuntilla
Qetura
Shaharut
Gerofit
Samar
Be'er Ora
El Nakab
Elat
Taba
Al Aqabah
THE FJORD
Qa'lat el Jundi
Ain Sudr
Asl
Gebel el Kabrît 948
Gebel Somâr 922
Gebel Sinn Bishr 622
Gebel Budhiya 1076
Idwet el Maih 726
Gebel Khoshira 426
Wâdi el Siq
Wâdi Gharandal
Râs Umm Maghrab 930
Wâdi el Sahiba
Wâdi Gheita
Wâdi el 'Aqaba
Wâdi Abu el Gain
Wâdi Gira
924
Gebel Ghaziâni 1041
Gebel Kheiyâla 1323
Haql
Al Humaydah
FARA'ÛN HOT SPRINGS
GEBEL EL 'IGMA
El Hazim
Abu Zenima
Umm Bugma
Râs el Gineina 1626
COLOURED CANYON
Nuweiba
el Muzeina
Gebel Atairtir el Dahami 1047
Abu Rudeis
791 Gebel Abu 'Alaqa
Gebel Dalal 1606
Wâdi Zelega
Gebel Ghlim 1229
Gebel Gunna
Gebel Sukhn
Gebel Banât 1510
OASIS OF FEIRÂN
Gebel Serbâl 2070
1312 Gebel Umm Ri
Wâdi Zaghra
MON. OF ST. CATHERINE
St. Catherine
Gebel Mûsa (Mt. Sinai) 2285
Wâdi Nasib Pass
1052 Jabal Tayyib al Ism
Al Bad'
Dahab
2642 Gebel Katherina
Wâdi Mir
Gebel Giddat el 'Ila 2207
Abu Durba
Al Maqnâh
Gebel Umm Shaumar 2586
2412
2082
Râs Ghârib
Wâdi Abu Hâd
1120 Gebel Umm 'Isheirât
Râs Antantûr
Gebel el Thabt 2438
1038
El Tûr
Gibeil
Gebel Sabbâgh 2266
Wâdi el Khreim
Wâdi Ghârib
Gebel Abu Khashaba 1461
Ash Shaykh Humayd
'Aynûnah
Nabo
834
Strait of Tirân
Gebel Ruseis 949
Jazirat Raymân
Ra's al Qasbah
1359 Gebel Ghweirib
Wâdi Dâra
Gebel Sahara 1459
Gebel Wâ'ir 557
Râs Nusrâni
Jazîrat Tirân 502
Jazîrat Sanâfir
Gebel el Kharâza 1359
Gebel Dâra 1077
Gebel el Zeit 457
Sharm el Sheikh
Na'ama
Râs Umm Sid
946 Gebel Monqûl
Gebel el Urf 1054 1236
448
RÂS MOHAMED NATIONAL PARK
Râs Mohamed
Gezr. Ghânim
Gezr. Qeisûm
Madiq Gûbâl
Gebel Abu Had 770
Wâdi Abu Had
Râs Gemsa
Gezr. Gûbâl
Gebel 'Idid el Gadân 1137
Gezr. Tawîla
Bir Milâha
Gebel Zubeir 1397
409
Gezr. Shadwân
Gebel Khurm el Asmar 1586
Wâdi Bali
Abu Sha'r
1705 Gebel Abu Harba
Gezr. Gifatîn
1661 Gebel Abu Dukhân
Hurghada
Magawish
N
LEGENDE
Wüstenstraße
Sehenswerter Ort
Korallenriff
Tankstelle